JN409412

국보현대시선 126

부처님은 말씀하셨다네

이용수 시선집

도서출판 국보

◈ 시선집을 내면서 ◈

나는 이번에 시선집을 내기로 하였다. 어떤 이는 어떻게 벌써 시선집이냐고 의아해할 수 있을 것이다. 이 시선집을 내는 이유는 이렇다.

나는 한 십년 전에 첫 시집을 한 권 내고 곧 등단하였다. 그러고서 또 한 권의 시집을 내면서 몇 번의 큰 상을 타기도 하고, 서울 현충원에 나의 '시(詩) 현판'이 서 있기도 하였으며, 특히 1997년 제17차 세계시인대회 때 발의해서 2004년 제24차 세계시인대회를 기하여 발간된, 지구촌 최초의 'Dictionary of International Poets'(이 사전에는 하이네, 릴케, 타골, 한용운, 윤동주, 이상, 고은, 김지하, 성기조, 이근배, 오세영 등 동서고금의 유명한 약 670여 명의 시인들의 대표시가 시인의 프로필과 함께 수록되어 있음)에 나의 졸시 7首가 나의 프로필과 함께 수록되는 기쁨을 맛보기도 했다.

그런데도 나는 여태까지 내가 詩人이라고 생각해 본 적이 없었다. 다만, 대한민국의 명예로운 퇴역 군인의 여가선용이나 교양으로서 시를 써 왔을 뿐이였다.

그런데, 이렇게 시를 한 10년 써 오다 보니, 나에게 시쓰기에 대한 내 나름의 소신과 자신이 생겨났다. 그래서 이제부터는 내 나름의 소신을 가진 詩人이 되어 詩人으로서 시를 써 보려고 한다.

그리하여, 여태까지 내가 써 온 모든 나의 시편들 가운데서 나의 이 소신에 걸맞고 부끄럽지 않은 좋은 시편들을 골라서 시선집을 만들어 펴냄으로써 나의

詩人으로의 첫출발의 신호탄으로 삼고저 한다. 내 나이 80이니 지금 시작해도 늦지 않으리라.

시를 골라 놓고 보니, 우리들이 공유하고 있는 인생관과 세계관들이 흠뻑 녹아 있는 시편들이 대부분이다. 따라서, 독자들이 많이 공감하리라 본다.

이 시선집을 펴낼 수 있도록 많은 도움을 주신 (사) 대한민국국보문학협회 임수홍 회장님에게 깊이 감사한다.

2013년 11월
저자 識

제1부 노정(老情)

제2부 부처님은 말씀하셨다네

제3부 미궁에도 미로가 있다

제4부 행복한 가정

제5부 미래의 이별

제6부 100년 해로

제7부 노병(老兵)의 꿈

제1부

노정(老情)

늑대의 울음

지난날, 울적했던 날,
뒷산에 홀로 올라

흰 달을 바라보며
늑대처럼 울었노라.

기어이 이루고야 말리라
늑대처럼 울었노라.

저녁 놀

착하게 살자며 여기까지 왔습니다.
뜻있게 살자며 여기까지 왔습니다.
잘 살아 보자며 여기까지 왔습니다.

갈 길 멀어 바라보니
저녁 놀 탑니다.

그 겨울이 지나고
또 그 봄도 가고

그 겨울이 지나고 또 그 봄도 가고
우리의 인생은 황혼에 섰네.

그 겨울은 왜 그리 혹독했던지…
그 봄은 왜 그리 힘들었던지…

이제 우리가 견뎌야 할 것은
우리들의 이별의 슬픔.

그 겨울 그 봄이
다시 그립네.

그리운 그 때

주머니는 비어 있었노라.
그러나 불안은 없었노라.
걱정도 없었노라.

오직 사랑과
희망만 있었노라.

세월은 흘러서
그 때를 그리노니

아, 흘러가는 흰 구름아.

그때 생각

그때에도
소쩍새가 울었답니다.

그때에도
뻐꾸기가 울었답니다.

오늘은
새 울음 따라
나도 웁니다.

그때가 생각나서
따라 웁니다.

노정(老情)

매화꽃 핀 나무 위에서
노래하는 까치처럼 어여쁘던 당신이
사막의 타조마냥 변한 듯 보이면
나는 마음속으로
당신의 거친 손을 꼬옥 잡습니다.

평원(平原)을 달리는 표범처럼
멋지던 내가
아프리카 낙타마냥 늙었다하여
당신도 나의 손을 떨치지 않는 것처럼.

긴 세월, 모진 풍파 헤쳐 나오며
서로가 닮아 버린 우리들 모습.

이룩한 것 무엇인가 뒤돌아보아도
아무것도 보이지 않고
남는 건 우리들의 지나온 이야기.
누가 알려 하랴,
고비 고비 뿌려 온 눈물과 땀방울.

이제는 천천히,
저 하늘, 저 태양, 달과 별
준험한 산맥과 떠가는 흰 구름
흘러가는 강물, 파도치는 푸른 바다
싱그러운 수풀과 노래하는 짐승들
고마운 사람들과 귀여운 아이들
이 엄청난 모든 것을 뜨겁게 사랑하며
천천히, 천천히 걸어갑시다.

저 멀리, 석양(夕陽)이 아름다운
지평선(地平線) 너머
새 세상이 우리를
맞을 때까지.

꽃의 마음

꽃은 알고 있어요,
자신의 운명을.
그러나 사는 날까지 아름답게,
아름답게 살아가고 있어요, 저렇게

꽃은 알고 있어요,
자신의 운명을.
그러나 사는 날까지 남을 즐거웁게
즐겁게 살아가고 있어요, 저렇게

아, 나도 갖고 싶네요,
아름다운 저 꽃의 마음.

나의 그림

내가 평생을 그려 오는
한 폭의 그림이 있습니다.

내가 죽을 때
이 그림이 완성이 됩니다.

나 말고 누가
이 그림을 봐 줄까마는

마지막에 혹여
이 그림을 망칠까 봐

오늘 아침도
기도를 합니다.

벤치

공원에 가면 벤치가 있다.
요즘엔 길가에도 벤치가 있어서
피곤한 사람들이 한참씩 쉬었다 간다.

기대 앉아 가만히 생각하니
벤치보다 쓸모가 없는 사람.

어찌하면 나도 누구에게
벤치 하나 될 수 있을까?

이것만은 버리라 마세요

모두 다 버리라 하셨습니까?
감사하는 마음은 버리라 마세요.

모두 다 버리라 하셨습니까?
사랑하는 마음은 버리라 마세요.

모두 다 버리라 하셨습니까?
나의 꿈만은 버리라 마세요.

내 눈물 흐르게 하고
내 마음 기도하게 하는 것.

제2부

부처님은 말씀하셨다네

부처님은 말씀하셨다네

부처님은 말씀하셨다네,
"기도만 한다고 저 물 위의 기름이
물 밑으로 가라앉겠느냐?"고.

부처님은 말씀하셨다네,
"기도만 한다고 저 물 밑의 돌이
물 위로 떠오르겠느냐?"고.

부처님은 말씀하셨다네,
"나를 의지하지 말고
진리에 의지하라"고.

신(神)은 살아 계시노라

신(神)은 죽지 않고
살아 계시노라.

콩 심은 데 콩 나고
팥 심은 데 팥 나게 하시니
신(神)은 살아 계시노라.

신분(身分)을 막론하고
누구든 컴퓨터 앞에서
음악을 클릭하면 음악이 나오고
음란을 클릭하면 음란이 나오도록 하시니
신(神)은 살아 계시노라.

누구든
어려움을 이겨내면 기쁨을 주시고
누구든
그렇지 못하면 슬픔을 주시니
신(神)은 살아 계시노라.

우리 서로 사랑하면 천국(天國)되게 하시고
우리 서로 미워하면 지옥(地獄)되게 하시니
신(神)은 죽지 않고 살아 계시노라.

피뢰침

비바람 무섭게 내리치는
칠흑 같은 캄캄한 밤에
계곡물, 흙탕물 넘쳐 흘러
사람들도 휩쓸려 내려갈 적에

언덕 위 아담한 교회
높다란 십자가에
벼락이 여러 차례
내려쳤었다네.

그때마다, 그때마다
작은 피뢰침 하나가 그 교회를
보호해 주었다네.

아, 나는 알 것 같았네,
신(神)의 진실을.

연날리기

정월 초하루 좋은 날에
연날리기하는, 꿈 많은 사람들 보라.

바람이 불어 가는 쪽으로
연을 올려야 연이 뜨는 법.

사물(事物)에는
하늘도 맘대로 못 하는
이치(理致)가 있지.

이 이치를 깨쳐 지혜(智慧)를 얻고
이를 실천하면 이것이 곧
복(福), 복(福), 복(福)이 되나니

사람들아,
복(福)을 빌기만 하다가
하늘을 원망하지 말고

우리 모두 이치(理致)를 따라
소망의 연을 바르게 올려 보자.

높이, 높이, 더 높이
올라가리니.

법도(法道)

법도(法道)가 무엇인지
헷갈리어 잘 모르는 사람들아,
다 모여라.
내가 알려 주리라.

물을 끓이면
수증기가 발생하는 법.

도체(導體)가 자기장(磁氣場) 내에서
운동을 하면
전기가 발생하는 법.

벼락은
높은 곳에 떨어지는 법.

공기보다 가벼운 것은 떠오르고
공기보다 무거운 것은 떨어지는 법.

콩 심은 데 콩이 나고
팥 심은 데 팥이 나는 법.

가는 말이 고우면
오는 말이 고운 법.

화를 내면 혈압이 올라가고
사랑하면 엔돌핀이 생겨나는 법.

나는,
이런 것들을 모두
'법(法)' 이라 한다네.

그러면,
'도(道)' 란 무엇인가?

'도(道)' 란,
'법(法)' 에 따라 행(行)하는 지혜(智慧)를
말 한다네.

물의 힘으로 전기를 만들어
어둠을 밝히고
온갖 기계를 다 돌리는 것,

피뢰침을 만들어 세워
벼락을 피하는 것 등은
생활(生活)의 '도(道)' 요,

사람을 따뜻이 대하여
원한을 사지 않으며
만물(萬物)을 사랑하여
건강하고 행복해지는 것 등은
삶의 '도(道)' 일 것일세.

불가(佛家)의 '중도(中道)' 와 '팔정도(八正道)',
기독의 '사랑',
유가(儒家)의 '행인(行仁)', '극기복례(克己復禮)'
도가(道家)의 '무위자연(無爲自然)' 등이 모두 다
삶의 '도(道)' 일세.

이런 '법(法)' 과 '도(道)' 를 아울러
나는,
'법도(法道)' 라 한다네.

거짓말

히틀러의 선전 장관
괴벨스여,
그대가 말하였다며,

"거짓말은
처음에는 부정되고
다음은 의심받지만
되풀이하면 결국은
모두 믿게 된다"고.

괴벨스여,
나도 한 마디 하고 싶다네,

"큰 거짓말일수록
더 믿게 된다"고.

풍경(風磬) 소리

풍경 하나가
대웅전 처마 끝에 높이 매달려
법(法)을 설(說)하고 있네요.

뗑그르렁- 뗑그르렁-
뗑그르렁- 뗑그르렁-

“바람이 지나가야
이 소리 나온다”고

“누가 풍경 하나를
여기 매달아야
이 소리 듣는다”고

세상의 인과(因果)의 이치(理致)를
설(說)하고 있네요.

생각하는 사람

로댕은 19세기 후반 어느 날 아침부터
쪼그리고 앉아서 턱을 공군 채
아직도 깊고 깊은
생각 중이다.

왜 사는 걸까?
왜 죽는 걸까?
어떻게 살아야 하는 걸까?

만세(萬世)가 흐른 뒤에도 조렇게
생각하고 있을 건가?

산(山)은 산(山)이요
물은 물인 것을.

법도(法道)대로 사는 수밖에

어떻게 살아가야 할까?

아무리 생각해 봐도,
법도(法道)대로 살아갈 수밖에
다른 도리(道理)가 없네.

겨울이 오면 겨울이 오는 대로
여름이 오면 여름이 오는 대로
하늘에 순응하며,

하늘과 세상의 이치(理致)를 파악하고
이를 활용해,
어려움을 극복하고
행복을 추구하는
그 수밖에
다른 도리(道理)가 없네.

좌선하며 생각하고
걸으면서 생각해 봐도,
하늘에 순응(順應)하며
법도(法道)대로 사는 수밖에
다른 도리(道理)가 없네.

기복(祈福)

부처님,
제가 부처님 앞에 무릎을 꿇고
복을 달라고 기도할 때면,

죽비로 저의 어깨를
따끔하게 때려 주신 다음,
이렇게 타일러 주십시오.

“가는 말이 고우면 오는 말이 곱듯이
복을 베풀면 그대에게도
복이 돌아온다네.

누구에게 웃으며 인사를 하면
그 사람도 그대에게 웃으며
인사하지 않던가?

나에게 의지하지 말고
진리에 의지하게.”

CCTV

저기 저것이 무엇인가요?
CCTV라고 하는 건가요?

하느님은 저런 것을
설치하지 않아요.

그래도 다 알아요,
당신이 뭘 하는지
내가 뭘 하는지.

그리하여,
당신이 팥을 심으면
팥 나게 하시고
내가 콩을 심으면
콩 나게 하시지요.

여기

여기가 어디인가?

미워할 땐 지옥이더니
사랑하니 낙원일세.

불만할 땐 지옥이더니
감사하니 낙원일세.

집착할 땐 지옥이더니
즐기니 낙원일세.

여기가 어디인가?

절망할 땐 지옥이더니
극복하니 낙원일세.

병들 땐 지옥이더니
쾌복하니 낙원일세.

지옥과 낙원이 공존하는
아, 아름다운 세상일세.

제3부

미궁에도 미로가 있다

미궁에도 미로가 있다

어찌하다가 미궁에 빠져
죽고 싶은 사람아,
모든 것을 쉽게
포기하지 말거라.

미궁에도 미로가 있나니
그 미로를 따라
희랍의 '테세우스'처럼 지혜롭게
빠져 나오거라.

하늘은 원망하지 말거라.
하늘이 모든 것을 만들었다 해도
하늘은 그대 하나만을 위하여
작용할 수 없는 법.

모든 것은 원인이 있고
모든 것은 그 원인의 탓이로다.

눈물을 흘리며 기도해 보라.
원인을 찾아라,
지혜를 얻으라,
길이 보이리라.

그 길을 따라 지혜롭게
빠져 나오거라.

물구나무서기

물구나무서기를 해 보렴.
물구나무서기를 해 보면,
거대한 지구도
그대 두 손으로
들어올릴 수 있지.

물구나무서기를 해 보렴.
물구나무서기를 해 보면,
저 높은 은하수도
그대 발 밑에 있지.

9999 번의 성공

애디슨은 백열전구를 발명하기 위하여
9999 번의 실험을 했으나
잘 되지 안했대요.

그의 친구가 말했대요,
"실패를 1만 번째 되풀이 할 셈이냐?"고.

애디슨이 대답했대요,
"나는 실패한 것이 아니고, 9999 번
전구가 안 되는 이치를 발견했다오."

폭포수

저 높은 낭떠러지에서
떨어져 내리는,

듣는가,
저 물의 아우성을!

느끼는가,
저 물의 아픔을!

그러고도 정신 차리고
또 흘러가는 물,
물을
그대여, 보시는가!

오뚝이

넘어트리면 다시 일어나고
쓰러트리면 다시 일어서네.

사랑하는 내 아들아,
이 오뚝이를 보느냐?

넘어져도 쓰러져도
아랫배에 힘을 주면
다시 일어선단다.

자전거타기

앞으로 나아가야
넘어지지 않는다네.

나는 자전거를 타고 가나니

넘어지지 않으려고
쓰러지지 않으려고

앞으로, 앞으로
나아간다네,

저 먼 곳을 향하여.

걸음마를 배웠을 때처럼

아가가 걸음마를 배우는 것처럼
우리가 걸음마를 배웠을 때처럼

오늘도 배우며
배우며 걸어가자.

엎어지면 다시 일어나고
또 엎어지면 또다시 일어나서

아가가 걸음마를 배우는 것처럼
우리가 걸음마를 배웠을 때처럼

오늘도 배우며
배우며 걸어가자.

인생은 선택이야

인생은 선택이야
운명이 아니야
담배를 피울까, 끊어 버릴까
공부를 할까, 잠을 자 버릴까
아침에 일어나 잠잘 때까지
수없이 선택을 하는 거야

인생은 선택이야
운명이 아니야
사업을 할까, 정치를 할까
계속해서 해 볼까, 그만두어 버릴까
이 사람을 선택할까, 저 사람을 선택할까
이리 갈까, 저리 갈까
태어나서 죽을 때까지
수없이 선택을 하는 거야

운명이란 선택의 열매,
선택이 '미래의 운명'을
결정하는 거야

미래에서도 또한 갈림길에 서지
언제나 그 중에서 최선의 것을
선택하면 되는 거야

인생은 선택이야
운명이 아니야

인생은 선택을
잘 해야 해.

해바라기꽃

꽃을 사랑하고파 정원에
해바라기 심어 가꾸어 놓았더니,

그 해바라기꽃,
나는 외면하고
해만을 바라본다네.

그렇다고
어찌 그 꽃을 탓하겠는가?
해바라기는 해바라기라 그런 것을…

탓할 것이라면
나의 '선택',
'선택'을 탓하겠네.

질문 다섯 가지

정진하고 있는,
사랑하는 나의 아들아,
이렇게 늘 자문해 보거라.

나는 지금 최선의 선택을 하였는가?
나는 지금 최선을 다하고 있는가?
나는 지금 감사하고 있는가?
나는 지금 사랑하고 있는가?
나는 지금 즐기며 일하고 있는가?

다른 성공

친구야,
친구야,

삼각산 인수봉을 못 올라
설악산 비선대를 올랐더니

비선대도 너무 좋더라.

같은 사람

여보게 친구야,

남이 나에게 큰소리 지른다고
나도 그에게 큰소리 질렀더니
나도 그와
같은 사람 되었다네.

남이 나에게 욕을 한다고
나도 그에게 욕을 하였더니
나도 그와
같은 사람 되었다네.

다음 차

이번 차 만원이면
다음 차는
텅텅 비워 올 때가 있어요,
다음 차가 아니면
그 다음 차가.

급박(急迫)하지 않으면
다음 차를,
또 아니면 그 다음 차를
기다려 보세요.

가을에 아름답게 피는
꽃들을 보세요.

제4부

행복한 가정

인생의 즐거움

친구야,

인생을 즐기라기에
밖으로 뛰쳐나와 봤더니,

온 식구가 함께 둘러앉아
밥 먹는 즐거움보다
더 큰 즐거움이
그 어디에도 없더라.

행복

행복을
나에게 묻지 마라.

바람 부는 봄날에
높은 나뭇가지 위로
오르락 내리락 힘들어도
정답게 열심히
보금자리 만드는
암수 두 마리
까치들 바라보아라.

행복한 가정

아버지는 사랑하고 아들은 효도하며
형은 우애 있고 아우는 공경하며
남편은 온화하고 아내는 유순하며
시어머니는 인자하고 며느리는 순종하니

어떤 어려움이 이 가정을
불행하게 만들까?

웃음

웃음은 이상해요.
당신이 웃으면 당신이
더욱 아름다워 보여요.

웃음은 이상해요.
당신이 웃으면 나도 따라
웃어 버려요.

웃음은 정말 이상해요.
우리가 함께 웃으면
하늘과 땅도 함께
웃어 주어요.

우리 함께 웃어요,
이곳이
천국(天國)이 되게.

노래를 불러요

울고 있어도
세월이 가고

화를 내고 있어도
세월은 가네요.

세월은 우리를 태우고
어디로 가고 있을까요?

밖을 내다보아요,
너무나 아름다워요.

노래를 불러요, 노래를 불러요.
가는 세월 즐기며
노래를 불러요.

슬퍼도 괴로워도
우리 함께 노래를 불러요,

우리가 헤어지기 전에.

사랑의 배를 타고

어린이는 자라서 어른이 되고
어른은 늙어서 죽나니

달을 보고 빌어도
해를 보고 빌어도
소용이 없네요.

어린이는 자라서 어른이 되고
어른은 늙어서 죽나니

우리는 서로서로 손을 잡고 이끌어
사랑의 배를 타고
너도 나도 이 세상의 고해를

즐겁게 흘러가요,
춤추며 흘러가요.

반응

높이 솟은 저 산을
무심타 하지 마오.

내가 산을 보고
"안녕"하면
산도 나를 보고
"안녕"한다네.

저 하늘의 흰 구름을
무심타 하지 마오.

내가 구름을 보고
"안녕하세요"하면
구름도 나를 보고
"안녕하세요"한다네.

에코(echo)

높은 산 계곡에는
에코(echo)가 숨어 산대요.

산 위에 올라
"야호"하고 부르면,
에코(echo)도
"야호"하고 대답을 해요.

"사랑해요"하면,
그도 나에게
"사랑해요"하고

"미워요"하면,
그도 나에게
"미워요"하지요.

나는 말하고 싶네요,
"사람들 마음 속에도
에코(echo)가 산다"고.

묵언(默言)

높은 산(山),
말이 없어
더욱 높고

고운 꽃,
말이 없어
더욱 아름답네.

비밀

이 방 안엔 아무도 없습니다
당신과 나밖에는

이 일은 아무도 모릅니다
당신과 나밖에는

그래서 이 일은
비밀이 아닙니다.

낚시꾼과 물고기

옛날, 옛날 어느
현자(賢者)가 있어,

"낚싯밥이 크면 큰 고기가 물고
낚싯밥이 작으면 작은 고기가 물고

사람도 이와 마찬가지니라" 하더니,

사람들이 저마다
물고기가 되었다가
낚시꾼이 되었다가
하는구나.

포옹(抱擁)

포옹하는 순간
서로 반대 방향을 바라보는

포옹(抱擁) 같은 사랑을랑
정치(政治) 같은 사랑을랑

선남선녀(善男善女)야,
흉내내지 말지라.

피장파장

달면 삼키고
쓰면 뱉어 버리는
사람들, 사람들

따듯하면 모여들고
추우면 떠나 버리는
사람들, 사람들.

산(山)

오는 구름 막지 않고
가는 구름 잡지 않네.

흘러가는 계곡물 원망치 않고
오고가는 계절도 탓하지 않네.

봄날이 오면 봄날이 오는 대로
가을이 오면 가을이 오는 대로

쓸데없는 미련과 집착을 던져 버리고
풍상(風霜), 우설(雨雪)도 벗을 삼으며

오늘도,
생긴 대로 의연(毅然)하게

굳건히 서 있네.

파도의 집념

파도의 희망은 무엇인가?

파도의 집념은 무엇인가?

날마다, 날마다
쉼없이 달려오는
저 파도의 집념.

올 때마다, 올 때마다
바위에 부서지는
저 파도의 아픔.

달이여, 달이여

달이여, 달이여,
아름다운 달이여,

밤 깊은 삼경(三更)에
홀로 떠 있는 달이여,

수없는 밤을 홀로 떠 있어도
외롭단 말 한 마디 없이
어두운 세상 포근히 비추고 있네요.

사람들아, 외로운 사람들아,
우리 외로워 말자.
나와 함께
저 달을 바라보자.

겨울 산새 한 마리

흰 눈 덮인 겨울 산에 산새 한 마리,
눈 녹은 양지쪽 바위 밑에서
바스락, 바스락, 가랑잎 헤집다가
나를 보았네.

이 추운 해거름에
나는 집으로 가는데
너도 집으로 가야지.

집에 가서
'왜 사느냐?' 는
생각질 말자.

즐거운 나비

소낙비 지나간 다음
싱그러운 푸른 풀밭 위

흰 나비 두 마리 서로
오르락내리락
이리저리 빙 빙 돌며
노닐고 있구나.

나비야, 나비야
즐거운 나비야,

모든 것 다 잊고
즐거운 나비야.

제5부

미래의 이별

황사(黃砂)

봄처녀 오시나 보다.
저 멀리 산 위에서
알몸으로 오시나 보다.

예쁜 곳 감추려고
황사 뿌리고 오시나 보다.

눈부시어 내 눈멀까 봐
황사 뿌리고 오시나 보다.

멀리서
실눈 뜨고 보려하니
황사을랑 거두시고
눈부시게 오소서.

봄비

봄이 오나 봅니다.
창 밖에 봄비가 나립니다.

지난날에
아쉽게 보내 버린 봄날이
순환열차처럼 돌아서
다시 오나 봅니다.

푸시킨이 노래했던가요,
"지나가 버린 것은 모두가
그리운 것이 된다"고.

어려웠던
지난날의 그리움이
봄이 오는 기쁨보다
앞을 섭니다.

아카시아꽃

내가 꽃이라면,

작고 못나도,
높다란 나무 위에 청순(淸純)하게 피어서
눈부신 햇살과 꿀벌을 반겨
가진 것 다 내어주고도
그 향기 그윽하여,
모두가 우러러 쳐다보는
아카시아꽃이고 싶다.

떠날 때는,
한날 미련도 없이 깨끗하게
청순한 그 모습, 그 향기 그대로
흰 눈처럼 떨어지는
아카시아꽃이고 싶다.

장맛비

비가 또 옵니다.

어제도 오더니 오늘도
그치는 듯하다가도
또 옵니다.

이제는 먼 추억이언마는
그때도 오늘처럼 온종일
비만 왔습니다.

슬픈 그리움 남겨놓고
세월도 빗물처럼 빠르게
흘러갑니다.

울적한 내 마음 적시며
비가 또 옵니다.

뜬구름

파아란 하늘에
흰 구름들 모여
흘러갑니다.

밀치며 당기며
모였다 흩어지며

어디서 왔다가
어디로 가는지

앞서거니 뒤서거니
흘러갑니다.

강물은 흘러서
바다로 가는데

구름은 흘러서
어디로 가나요?

독작(獨酌)

술을 마셨네
홀로 앉아 술을 마셨네

봄꽃이 아름다워 술을 마셨네
날씨마저 너무 좋아 술을 마셨네

그리운 사람 보고 싶어
홀로 울었네.

빈방

방안에 아무도 없어도
당신이 두고 간
모습이 있습니다.

방안에 아무도 없어도
당신이 두고 간
말씀이 있습니다.

방안에 아무도 없어도
당신의 눈물 같은
그리움이 있습니다.

얼음의 눈물

얼음이 웁니다.

해동이 되니
계곡의 얼음들이
눈물을 흘립니다.

이제 죽어
물이 된다고
얼음들이 웁니다.

본시의 물로
되돌아감을
모를 리 없건만은

이제 물이 되어 흘러가면
이 계곡 다시 못 올세라

이별이 아쉬워
하염없이 웁니다.

미래의 이별

생자필멸(生者必滅)이요
회자정리(會者定離)라
어찌 우리의 만남이
영원하리요?

아, 우리 모두 미래의
영원한 이별이여!

이 세상 모든 사랑하는 사람들아,
하늘이 무너지고 땅이 꺼지는 안타까운
그때가 오기 전에 우리 서로
한 번 더 사랑하고
한 번 더 껴안아 보자.

이 세상 모든 미운 사람들아,
그때가 오기 전에 우리 서로 손잡고
축배 한 번 들지 않겠나?

미래의 영원한
이별을 위하여!

샛별

성묘 가는 새벽길,

저 빛나는 샛별은 여기서
얼마나 멀까요?

저 빛나는 샛별에서
우리 아버지 어머니가 살고 계신다면
얼마나 좋을 까요?

나는 어린 천사되어 훨훨 날아가서
어머니 품안에 한 번 덥석
안겨 봤으면……

"아이고 내 새끼 왔구나!"
하시는 말씀 한 번
들어 봤으면……

엄마가 보고 싶어서

보름날 밤,
동자승이
방문을 열고

둥근 달 바라보며
눈물을 흘렸다네

엄마가 보고 싶어서

엄마가 보고 싶어서.

부모

옛날 고구려 시대에
고려장이란 게 있었단다, 아들아

어떤 사람이 자기의 늙으신 어머니를
지게에 태우고
산 위로 올라가고 있었단다, 아들아

그런데 그의 어머니는
산 위로 올라가면서 그의 등 뒤에서
자꾸 나뭇가지를 꺾고 계시더란다, 아들아

아들이 물었단다, 자기 어머니께,
왜 자꾸 나뭇가지를 꺾어시냐고.

그의 어머니가 대답하셨단다, 아들아

"아들아, 아들아, 사랑하는 내 아들아
나를 산 위에 내려놓고
네가 집으로 돌아갈 때에
이 꺾인 나뭇가지를 보고
길을 잃지 말거라."

보은(報恩)

여보게, 저기를 좀 보게.

휠체어에 앉아 있는 하얀 머리 노인에게
아이스크림 한 입 넣어 주는,
그 노인의 딸을 좀 보게.

저 딸이 어렸을 땐
저 노인이 저렇게 했겠지, 저 딸에게.

새끼 까마귀도 자라면,
그 어미에게
먹이를 물어다 준다는데…

아, 내 마음 쓰리고
눈물이 나네.

제6부

100년 해로

연모(戀慕)

부드럽고 아름다운, 저 여인의 미소를 보라
어찌 연모하지 않을 수 있겠는가?

부드럽고 아름다운, 저 여인의 말소리를 들어 보라
어찌 연모하지 않을 수 있겠는가?

부드럽고 아름다운, 저 여인의 모성(母性)을 보라
어찌 연모하지 않을 수 있겠는가?

여인(女人)의 매력

'괴테' 가 말하였대요, 여보

"고결한 남자는 얼굴보다
여인(女人)의 부드러운 말씨에
훨씬 더 이끌린다"고.

'프루타루크' 도 말하였대요,

"로마의 영웅들이 '클레오파트라' 에게
넋을 잃고 매료된 것은
그녀의 미모 때문이 아니라,
그녀의 교양 있는 화술과
부드럽고 달콤한
목소리 때문이었다"고.

부부싸움

당신이 아니면,
누구에게 이렇게 마음놓고
화를 낼 수 있겠습니까?

당신이 아니면,
누구에게 이렇게 마음놓고
큰 소리 칠 수 있겠습니까?

당신이 아니면,
누구와 이렇게 마음놓고
자주 싸울 수 있겠습니까?

당신이 아니면,
누구와 싸워 이렇게
정(情)이 들 수 있겠습니까?

100년 해로

영국의 어느 노부부가
100년을 해로하여
기네스북에 올랐대요, 여보

물어 보았대요, 정중히,
비결이 무어냐고.

할멈이 먼저
"미안해요"한대요, 여보

그러면 영감은 좋아서
"알았어요, 여보"한대요, 여보

결혼 50주년을 바라보며

설거지를 하며 생각한다. 아내는
이런 구지레한 일을 하루 세 번씩
반백 년이나 하며 살아왔구나!

빨래를 하며 생각한다. 아내는
이런 신 안 나는 일을 혼자서
반백 년이나 하며 살아왔구나!

걸래질을 하며 생각한다. 아내는
이런 하기 싫은 일을 날마다 혼자서
반백 년이나 하며 살아왔구나!

여자가 오래 사는 이유

채소 다듬고 음식 만들고
밥상 차리고 설거지하고
청소하고 빨래하고
아이들 돌보느라
하루 종일 쉼없이 일하는
안쓰러운 아내여,

내 그대를 위하여
그대에만 가만히 말하리다.

부지런히 손 놀리는 그것이
여자가 남자보다 오래 사는
이유라 하네그려.

안쓰러운 아내여,
사랑하는 아내여,
오래나 사시게.

복슬강아지

아들들은 장가가서 집에 없고
마누라는 딸네 집에 가 버리고

혼자
마루에 나와 앉아
지난날을 생각는데,

뜰에서 놀던 복슬강아지가
꼬리를 흔들며
저하고 놀자 하네.

휴대폰

꼭 묻는다, "거기 어디세요?"
술집에 있을 때도, 화장실에 있을 때도
꼭 묻는다, "거기 어디세요?"
하는 수 없이
거짓말을 해야 할 때가 있다.

"여보, 거기 어디야?"
"아파트 정문에 다 왔어요."
뒤돌아보니 저 멀리서
늙은 아내가 노랑눈펜귄처럼
뒤뚱뒤뚱 걸어오고 있다.
아름다운 저녁 놀빛 한 아름 안고서
손을 들어 흔들며 서로 웃는다.

저승에 갈 때에도
휴대폰 하나만은 꼭
가지고 가야 하겠다.

붕어빵

모임에 갔다가 서둘러 왔건만
전철 타고 버스 타고 오다 보니
가을 해가 벌써 지고 있었다

할머니는 아파트 앞에서
붕어빵 몇 개를 샀다

하루 종일 방 안에서 혼자
텔레비만 보고 있을
할아버지를 생각하며

붕어빵은 가방 속에 넣고
행복감은 가슴 속에 품었다.

누나

나 어렸을 때,
같이 놀던 한 놈이 얻어터져
앙앙 울고 있을 때
저 멀리서 동생 업고 놀고 있던
그의 누나가 뛰어와
눈물 콧물 닦아 주며
우리들에게 뭐라 뭐라 나무라던
그런 누나가 나는 좋았는데,
나는 그런 누나가 없었지.

나 어렸을 때,
우리 엄마 장에 가서 더딜 때
골목에서 구슬치기하며 노는데
이웃집 누나가 다가와
저녁 먹으라며 제 동생을
끌고 가던 그런 누나가
나는 좋았는데,
나는 그런 누나가 없었지.

요즘 우리 집 마누라가
80이 넘은 나에게
자기 보고 '누나' 라고 부르라네,
자기는 동생이 없다고.

허허…
'꿈은 이루어진다' 는 말,
허사(虛辭)는 아니로고.

아름다운 동행

찬바람 부는 가을 저녁답,
등 굽은 할아버지가
한 손으로 지팡이를 짚고
다른 한 손으로 꼬부랑 할머니의
여윈 손을 꼭 쥐고

횡단보도 건너가고 있었다네.

모든 차량들이 멈춰 서서
기다리고 있었다네.

맞은편 저 멀리 빌딩 사이로
붉은 석양도 멈춰 서서
바라보고 있었지.

나는 생각해 보았네,
여러 가지를.

만추(晩秋)의 석양

낙엽이 우수수 떨어지는
가을 저녁에

높은 나뭇가지 위에 모여 앉아
서산을 넘어가는
붉은 해를 바라보며
통곡하는 듯 우짖는
까치 떼를 보았는가?

나는 오래도록 바라보고 있었네,
매우 서글픈 마음으로.

맨 나중에 할 말

생각해 보았네, 당신에게
맨 나중에 할 말.

"고생했어"
"고마워"
"사랑했어"
"………………….."

"어디서 또 만나지?"

그리고 울었네.

부활의 기쁨으로

순아, 이제 우리는
밤에는 죽고
아침에 다시 살아나자
죽었다 다시 살아나서
서로의 얼굴을 다시 바라보자
얼마나 기쁜 일인가?

밖을 내다보자
하늘, 산, 나무들
걸어가고 있는 사람들
달려가고 있는 차량들
낯익은 저 모든 정다운 것들
기쁨으로 다시 바라보자

힘들어 하지 말자
슬퍼하지 말자
부활을 기뻐하자

순아, 이제 우리는
밤마다 죽었다가
아침마다 부활하자
그리하여 그 기쁨으로
하루를 살자

언젠가 영영
부활하지 못할
그 날이 올 때까지.

감상(感傷)

미술관에 들어가
작품을 감상(鑑賞)하듯
유심히 바라보아요,

저 하늘과 산과 들,
흐르는 강물과 나무와 꽃들,
나는 새와 짐승들,
어린 아기와 젊은 엄마들,
그리고 저 모든 사물들.

바라보아요,
얼마나 아름다워요?

우리 사랑하여요,
언젠가는 못 보게 될
저 모든 걸.

제7부

노병(老兵)의 꿈

노병(老兵)의 꿈

노병은 밤마다
꿈을 꾼다.

맹호보다 굳세어도 별빛보다 순수하고
눈물이 나오도록 고마운 충성스런 부하들과
사계(射界) 좋은 고지(高地)에서 작전(作戰)을 한다.

재산이라곤 군복 두어 벌에
호국심과 충성심

임무완수(任務完遂) 하나에
목숨을 걸고

"잘 했어" 한 마디에
하늘을 찌르는

그 크고 당당한 간성(干城)의 자리!

노병은 꿈마다
군복을 입는다.

거수경례

고개는 숙이지 아니한다.

존경할 때도
복종할 때도
고개는 숙이지 아니한다.

고개 숙여 아첨하지 아니한다.
고개 숙여 비굴하지 아니한다.
고개 숙여 속이지 아니한다.

하늘보다 높은 사람 앞에서도
범보다 무서운 사람 앞에서도
고개는 숙이지 아니한다.

승자(勝者)도
패자(敗者)도
고개는 숙이지 아니한다.

빈곤에 시달려도
죽음 앞에 직면해도
고개는 숙이지 아니한다.

오직
조국을 위해
임무를 위해
목숨을 바칠 뿐.

오, 고절(高絕)한 군인의 멋이여!
조국 수호 발전에 그대들이 있었구나!
난국(亂局)이 매섭게 온다 해도
그대들이 있구나!

국군묘지에서

나는 듣나니, 국군묘지에서,
빗발처럼 날아 오가는 총탄의 소리,
우박처럼 쏟아져 내려 터지는
포탄의 폭발음.

누가 겁나지 않으리오!
누가 목숨 아깝지 않으리오!

그 무서운 탄우(彈雨) 속에서
용감했던 우리 호국영령들,
살았으면 큰 사람 되었을,
어머니의 귀한 아들들,
그 귀한 목숨 바쳐
나라를 지켜 주셨네.
自由를 지켜 주셨네.

님들의 희생으로
오늘의 우리가 번영함이라
숙연히 고개를 숙이나니

님들이시여,
조국의 별, 수호신이 되어
길이길이 조국의 자유와 번영
지켜 주소서!

고마운 나라

공산군의 침략 앞에서 우리가
피를 뿌리며 싸우던 날,
지구의 저 먼 곳으로부터
이름도 생소한 가난한 대한민국으로
급히 날아와서

우리를 구하여 주었네!
自由를 지켜 주었네!

고마운 나라,
아름다운 나라,
참전 16개 국!
지원 5개 국!

우리가 어찌
그 이름을 잊으리오.
우리가 어찌
그 은혜를 잊으리오.

기원하노니
그 이름,
길이길이 번영하여라.

우리 함께 힘을 합쳐
세계 평화 행복 이룩하리라.

우리의 통일

우리는 배달의 한 민족이요,
우리 모두는 한 핏줄이라
우리는 꼭 통일을 이루어야 합니다.

그래서
우리의 소원은 통일이요,
우리의 염원도
우리의 숙원도
통일입니다.

그런데, 또한
자유는 우리의 생명이요,
민주는 우리의 신념이며,
평화는 우리의 지상명령 아닙니까.

따라서
우리의 통일은 기필코
평화통일이어야 하며,
통일된 조국은 결사코
自由民主主義共和國이어야 합니다.

광화문 앞 이순신 장군

남은 배 12척으로
대군(大軍)의 왜적을 무찌르고
나라를 구하신
오, 위대한 성웅이시여!

장군님은 늘 우리들에게
힘주어,
힘주어 말씀하고 계십니다, 말없이

"무비유환, 무비유환"
"유비무환, 유비무환"
"필생즉사, 필사즉생"

찬비

낙엽이 우수수 떨어지는
가을 저녁 등산길에
찬비가 나리네.

휴전선 철책에도
이 비가 내리면
순찰로 누운 풀잎도
찬비에 젖겠지.

이번 비 가고 나면
지오피(GOP) 물가엔 살얼음 얼고
전방 고지 높은 데선
눈꽃도 보겠네.

철통 같은 동계작전 준비에
우리 장병들 바쁘지 않겠나?

아, 잘 있어다오
나의 고향아!

등산

나는 모릅니다,
높이 올라갈수록
산은 왜
점점 작아지는지.

나는 모릅니다,
높이 올라갈수록
하늘은 왜
더욱더 아득해지는지.

저 먼 곳을 향하여

나 걸어가노라, 저 먼 곳을 향하여.
쉬지 않고 가노라, 죽을 때까지.
토끼처럼 뛰지 않노라, 거북처럼 가노라.
산이 날 막으면, 그 산 넘어가노라.
강이 날 막으면, 그 강 건너가노라.
외로움도 있노라, 괴로움도 있노라.
그러나 행복도 그 가운데 있음이라
나 쉬지 않고 가노라, 저 먼 곳을 향하여.

부처님은 말씀하셨다네

이용수 시선집

발행처 도서출판 국보
발행인 임수홍
편 집 박미영
디자인 박진선

인쇄 2013년 11월 16일
발행 2013년 11월 21일

발행처 도서출판 국보
주소 서울시 강동구 길동 395-3 2층
전화 02-476-2757~8, 7260 **FAX** 02-476-2759
카페 http://cafe.daum.net/lsh19577
E-mail kbmh11@hanmail.net

값 10,000원

ISBN 978-89-93533-62-0 03800

「이 도서의 국립중앙도서관 출판시도서목록(CIP)은 서지정보유통지원시스템 홈페이지(http://seoji.nl.go.kr)와 국가자료공동목록시스템(http://www.nl.go.kr/kolisnet)에서 이용하실 수 있습니다.
(CIP제어번호 : CIP2013023874) 」